...für Kinder erzählt

In dieser Reihe sind bisher erschienen:

 ISBN 978-3-89660-117-9

 ISBN 978-3-89660-328-9

 ISBN 978-3-86873-101-9

 ISBN 978-3-89660-503-0

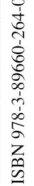 ISBN 978-3-89660-264-0

 ISBN 978-3-89660-501-6

 ISBN 978-3-89660-430-9

 ISBN 978-3-86873-207-8

 ISBN 978-3-89660-222-0

 ISBN 978-3-89660-167-4

 ISBN 978-3-86873-000-5

 ISBN 978-3-89660-401-9

 ISBN 978-3-89660-165-0

 ISBN 978-3-89660-302-9

 ISBN 978-3-89660-466-8

 ISBN 978-978-3-89660-222-0

 ISBN 978-3-89660-329-6

 ISBN 978-3-89660-367-8

 ISBN 978-3-89660-303-6

 ISBN 978-3-89660-461-3

 ISBN 978-3-89660-446-0

 ISBN 978-3-89660-465-1

 ISBN 978-3-86873-001-2

 ISBN 978-3-89660-429-3

 ISBN 978-3-86873-208-5

Gefährliche Berufe

für Kinder erzählt

Gefährliche Berufe

für Kinder erzählt

Texte von
Anne-Marie Thomazeau

Illustrationen von
Marc Ingrand

Aus dem Französischen von
Werner Kügler

KNESEBECK

Inhalt

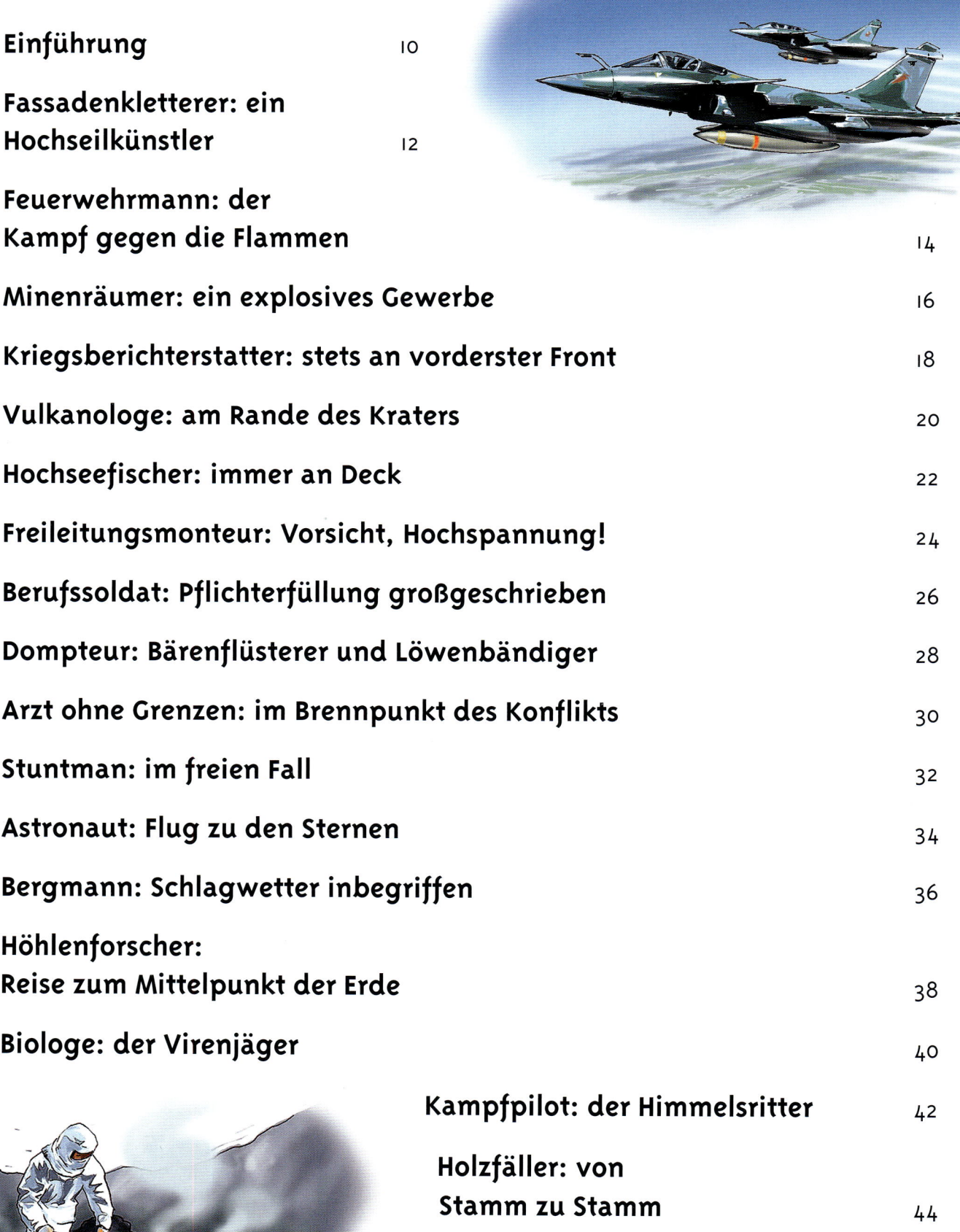

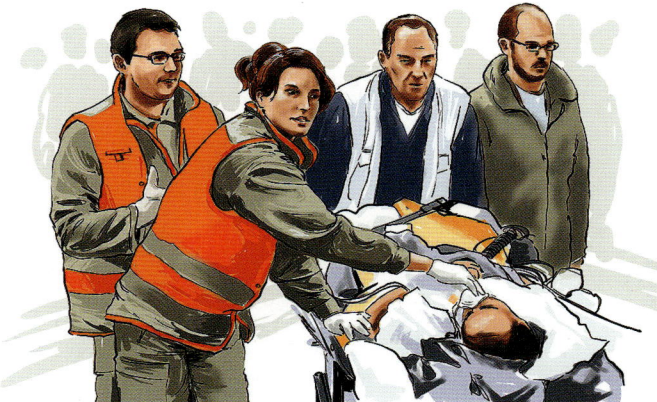

Einführung

Der Formel-1-Fahrer, der mit mehr als 300 Stundenkilometern über die Rennstrecke rast, der Bergführer, der im Hochgebirge verschneite Gipfel erklimmt, der Taucher, der die Tiefen des Meeres erkundet, der Torero, der in der Arena einem schnaubenden Stier ins Auge blickt, der Artist, der sich vom Trapez zum »Engelssprung« in die Tiefe stürzt, der Pyrotechniker, der uns ein märchenhaftes Schauspiel aus Farben und Licht vorzaubert – sie alle haben ihre Leidenschaft zu ihrem Beruf gemacht. Um uns zu begeistern, zögern sie nicht, ihre Gesundheit aufs Spiel zu setzen.

Hochseefischer, Radrennfahrer, Fassaden-kletterer, Baumpfleger, Atomtechniker, Ingenieure, die im Meer auf Bohrplattformen den Stürmen trotzen oder ohne Unterlass unter der Erde nach wertvollen Erzen suchen … Um ihren Lebensunterhalt zu verdienen, müssen sie großen körperlichen Einsatz bringen und oftmals sogar um ihr Leben bangen.

Soldat, Leibwächter, Geheimagent, Polizist in einer Antiterroreinheit … Wer solche Berufe ausübt, nimmt gewaltige Risiken auf sich und setzt oft das eigene Leben aufs Spiel, um unser Leben sicherer zu machen.

Und all die Ärzte, Reporter, Feuerwehrmänner, Sprengmeister, Hubschrauberpiloten, Rettungskräfte? Weder Erdbeben noch Kriege scheinen ihnen Angst zu machen, auch nicht die gefährlichen Viren, denen sie sich aussetzen, sei es in Flüchtlingslagern oder streng abgeschirmten Labors. Ihre Aufgabe ist es, in Situationen unvergleichlicher Tragik denjenigen zu helfen, die leiden und in Gefahr geraten sind – wie zum Beispiel den Überlebenden nach dem Anschlag auf das World Trade Center in New York am 11. September 2001.

Und es gibt jene, die uns immer schneller fortbringen und immer weiter: Jagdflieger, die bei mehr als 1227 km/h die Schallgrenze überspringen, Astronauten, die bis zu den Sternen reisen, um für uns die unermesslichen Weiten des Weltalls zu erforschen und die Grenzen der Menschheit ständig zu erweitern.

Den mutigen Frauen und Männern mit solch gefährlichen Berufen werdet ihr bestimmt nicht so einfach nach Schulschluss begegnen. Aus diesem Grund wollen wir euch einige dieser unbekannten Helden hier vorstellen: Machen wir uns gemeinsam daran, 32 außergewöhnliche Berufe zu entdecken … außergewöhnlich gefährliche!

Fassadenkletterer: ein Hochseilkünstler

Fassadenkletterer beim Fensterputzen: An Seilen an den höchsten Wolkenkratzern hängend, reinigen sie Tausende von Scheiben. Schwindelgefühle können sie sich nicht leisten.

Allein in New York gibt es 5137 Wolkenkratzer, und in Hongkong, Singapur, Rio de Janeiro und Paris stehen 6943 über 152 Meter hohe Bauten. Da gibt es Unmengen von Fensterscheiben, die regelmäßig geputzt werden müssen. Für diese Arbeit ist der Fassadenkletterer zuständig. Sein beruflicher Vetter ist der Höhenarbeiter oder Industriekletterer. Zu seinen Aufgaben gehört es beispielsweise, Beleuchtungskörper am Eiffelturm anzubringen oder auf den ägyptischen Pyramiden Geräte für eine historische Ton- und Lichtschau zu montieren. Auch beim Bau von Autobahnen oder Brücken kommt er zum Einsatz, um an Felswänden Sprengungen vorzubereiten oder Schutznetze zu befestigen. In luftiger Höhe repariert der Industriekletterer Dächer und Kräne oder hilft auf Steilhängen beim Setzen von Seilbahnmasten. Dieser Kletterkünstler muss ein Handwerk gelernt – etwa Maurer, Dachdecker oder Schweißer – und eine Ausbildung in Klettertechnik für Arbeiten an schwer zugänglichen Stellen absolviert haben.

Behände wie Spiderman bewegt er sich in schwindelerregenden Höhen, die mit technischem Gerät nicht erreichbar sind. Seine Arbeit erfordert höchste Konzentration. Schwindelgefühle kann er sich nicht leisten – eine falsche Bewegung, ein falscher Tritt führen zum Absturz.

Im Dezember 2009 stürzten in New York zwei Fensterputzer aus dem 47. Stock in die Tiefe. Während der eine wie durch ein Wunder überlebte, war sein Bruder auf der Stelle tot. Im selben Jahr riss in Denver der Wind die Arbeitsbühne eines Fensterputzers in die Tiefe. Im letzten Moment konnte sich der Mann auf die Fassade retten und dort festklammern, bis Hilfe kam. Um derartige Unfälle zu vermeiden, werden immer öfter Roboter zum Fensterputzen eingesetzt.

Die Arbeit des Industriekletterers erfordert höchste Konzentration.Ein falscher Tritt kann zum Absturz führen.

Feuerwehrmann: der Kampf gegen die Flammen

Zielsicher richten diese beiden Feuerwehrmänner ein Strahlrohr auf eine schreckliche Feuersbrunst.

Feuerwehrleute werden für die Brandbekämpfung speziell ausgebildet. Die meisten von ihnen kämpfen als ehrenamtliche Mitglieder in Freiwilligen Feuerwehren gegen das Feuer. Sie werden regelmäßig geschult, damit sie die Berufsfeuerwehren bei Brandeinsätzen unterstützen können. In kleineren Orten sind die Freiwilligen Feuerwehren allein für die Brandbekämpfung zuständig.

Die Gefahr, bei Einsätzen von Flammen eingeschlossen zu werden oder an giftigen Gasen zu ersticken, ist enorm. Zum Schutz trägt der Feuerwehrmann einen Helm, einen Schutzanzug mit Gürtel, Schutzhandschuhe und Stiefel. Auch ein Atemschutzgerät gehört zu seiner Ausrüstung. Bei Bränden schützt es ihn gegen Rauch und giftige Gase. Zur Brandbekämpfung mit Wasser oder Löschschaum dienen der Feuerwehr Schlauch und Strahlrohr.

Bei Waldbränden geht die Feuerwehr auch in die Luft: Löschflugzeuge können in Sekunden 6000 Liter Wasser abwerfen. Um ihre Tanks wieder aufzufüllen, gleiten sie mit einer Geschwindigkeit von 110 km/h über die Meeresoberfläche oder einen See. Das über Rohre aufgenommene Wasser wird dann wieder über den Flammen abgeworfen.

Die Flugmanöver der Löschflugzeuge müssen äußerst genau sein. Um das Wasser möglichst zielgenau über dem Feuer abzuwerfen, muss der Pilot Baumwipfel und Bergkuppen in geringem Abstand überfliegen. Oft hat er mit starken Luftwirbeln und Windstößen zu kämpfen, wodurch es immer wieder zu Unfällen kommt (weltweit etwa hundert in den letzten zwanzig Jahren). Beim Aufnehmen und Abwerfen von Wasser ändern sich die Flugeigenschaften der Maschinen, sodass die Piloten immer wieder gefährliche Situationen meistern müssen. Die meisten von ihnen sind ehemalige Jagdflieger. Um das Leben anderer zu retten, blicken sie ständig dem Tod ins Auge, denn Absturzgefahr besteht immer.

Ein Löschflugzeug vom Typ Canadair CL-215 bekämpft einen Waldbrand.

Minenräumer: ein explosives Gewerbe

Landminen fordern alljährlich Tausende von Opfern. Die heimtückischen Waffen müssen aufgespürt und gesprengt werden, ehe sie ihre todbringende Wirkung entfalten können.

Weltweit werden Jahr für Jahr 26 000 Menschen – Männer, Frauen und Kinder – durch Minenexplosionen getötet. In 70 Ländern liegen schätzungsweise 110 Millionen Landminen als Folge von Kriegen vergraben, und auch von Terroristen werden Minen eingesetzt.

Minenräumer sind Spezialisten für Sprengstoffe und versuchen unter Einsatz ihres Lebens, Minen zu entschärfen oder kontrolliert zu sprengen. Die meisten sind aktive oder ehemalige Soldaten. Um versteckte Minen zu finden, arbeiten sie mit Metalldetektoren (siehe Zeichnung) oder mit Spürhunden, die auf den Geruch von Sprengstoff abgerichtet sind. In Tansania setzt man auch Riesenhamsterratten als Minensucher ein. Sobald sie fündig werden, beginnen sie an der Fundstelle zu scharren.

Wenn eine Mine entdeckt wurde, muss sich der Minenräumer vorsichtig nähern und sie entschärfen, indem er den Zündmechanismus blockiert. Eine falsche Bewegung kann zur Explosion führen und den Tod bedeuten.

Eine andere Art, die gefährlichen Landminen unschädlich zu machen, ist das Sprengen. Heute werden für die Minenräumung durch Sprengen immer öfter ferngelenkte oder Panzerfahrzeuge eingesetzt. Sie können vermintes Terrain durchkämmen und einen großen Teil der Minen zur Explosion bringen. Leider sind sie nicht für schwieriges Gelände wie Berg- oder Dschungelgebiete geeignet.

Der Einsatz erfahrener Kampfmittelspezialisten ist nicht auf Kriegsgebiete beschränkt: Ein Bombenalarm, ein verdächtiges Gepäckstück, eine aus dem Zweiten Weltkrieg stammende Bombe auf einer Baustelle – all das kann ihren Einsatz auch in friedlichen Gegenden erfordern.

Der beste Schutz für sie sind Gründlichkeit, Besonnenheit, Geduld und nicht zuletzt Geschicklichkeit.

Bei seiner gefährlichen Arbeit benutzt der Minenräumer einen Metalldetektor.

Krisenreporter: stets an vorderster Front

Er ist in allen Krisengebieten der Erde anzutreffen. Er berichtet aus Flüchtlingslagern, von Kriegsschauplätzen und gerät dabei nicht selten unter Beschuss. Sein Auftrag: die Welt zu informieren, allen Gefahren zum Trotz.

Vom Irakkrieg über ein Flüchtlingslager in Afrika zum Erdbeben auf Haiti – mit Laptop und Digital- oder Videokamera ist der Krisenreporter immer unterwegs von einer Gefahrenzone zur nächsten. Er arbeitet als Angestellter für eine Presseagentur, eine Zeitung oder einen Rundfunk- oder Fernsehsender, aber auch als freischaffender Journalist, der seine Artikel an den Meistbietenden verkauft.

In Journalistenkreisen gilt die Faustregel: Wenn Diplomaten, ausländische Staatsbürger und Hilfsorganisationen ein Land zur eigenen Sicherheit verlassen, dann beschließt der Krisenreporter, hinzufliegen. Seine Aufgabe ist es, die politischen oder militärischen Ereignisse zu schildern, und dies häufig unter Lebensgefahr. Wenn er als Kriegsberichterstatter arbeitet, bleibt ihm nichts anderes übrig, als das Kampfgeschehen aus unmittelbarer Nähe zu verfolgen. Mit kugelsicherer Weste und Helm ausgerüstet, wagt er sich bis an die Front und läuft jederzeit Gefahr, von Granaten getötet zu werden oder bei einer Minenexplosion oder einem Bombenangriff umzukommen.

Jahr für Jahr bezahlen etwa hundert Krisenreporter ihren Einsatz im Dienst der Informationsgesellschaft mit dem Leben. Sie werden von verirrten Kugeln getroffen oder von den kämpfenden Parteien als unliebsame Zeugen ermordet. Denn Aufständische, Militärs, Diktatoren und Politiker in Krieg führenden Ländern fürchten die internationale Presse, da so die ganze Welt von ihren Gewaltakten und Grausamkeiten erfährt. Oft werden Journalisten als Geiseln entführt und bleiben monatelang verschwunden. Im günstigsten Fall kommen sie gegen ein Lösegeld wieder frei oder werden gegen Gefangene ausgetauscht … Im schlimmsten Fall werden sie kaltblütig umgebracht.

Als Journalist, Kameramann oder Fotograf arbeitet der Kriegsberichterstatter nahe am Kampfgeschehen.

Vulkanologe: am Rande des Kraters

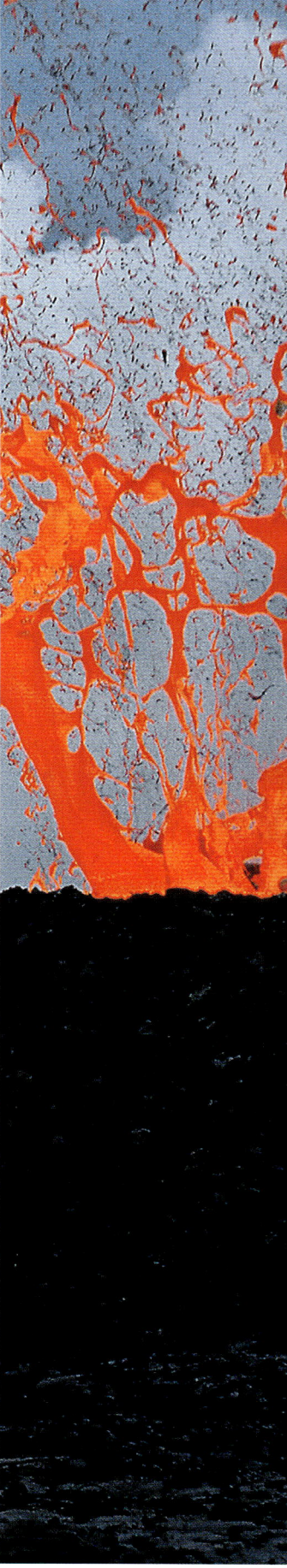

Vulkanologen sind Wissenschaftler, die auf die Erforschung von Vulkanen spezialisiert sind. Um Katastrophen zu verhindern, versuchen sie, Ausbrüche vorherzusagen.

Vulkanologen haben Geologie studiert und erforschen die Geschichte, den Aufbau, die Entwicklung und das Verhalten von Vulkanen. Auf diese Weise können die Forscher mögliche Ausbrüche vorhersagen und damit Katastrophen verhindern. Auf den Vulkanhängen müssen Gesteinsproben und ausströmende Gase für Laboruntersuchungen entnommen werden. Zu diesem Zweck verbringen Vulkanologen jedes Jahr mehrere Monate vor Ort: zum Beispiel am Fuß des Vesuvs in Italien oder am Eyjafjöll in Island; sie beobachten Vulkane in Südamerika und Asien und auf Schiffen sogar im Meer.

Die Arbeit auf einem erloschenen Vulkan ist nicht gefährlicher als die eines Geologen, der die Eigenschaften eines Berges untersucht. Weltweit gibt es heute jedoch noch etwa 1300 »aktive« Vulkane. Ein »schlafender« Vulkan kann lange still vor sich hinbrodeln, könnte aber erneut ausbrechen. Weltweit leben etwa 500 Millionen Menschen in der Nähe eines Vulkans, so auch zwei Millionen Italiener bei Neapel an den Hängen des Vesuvs.

Um an den glühenden Krater möglichst nahe heranzukommen, trägt der Vulkanologe einen Hitzeschutzanzug. Darin kann er sich flüssiger Lava, deren Temperatur mehr als 1000 °C beträgt, bis auf weniger als einen Meter Abstand nähern. Ein Helm schützt seinen Kopf vor herabstürzenden Brocken aus erstarrter Lava.

In der Geschichte der Vulkanologie ist es immer wieder zu Unfällen gekommen. Beim Ausbruch des Mount St. Helens in den Vereinigten Staaten beispielsweise wurde 1980 der Amerikaner David A. Johnston von heißer Lava verschüttet. Am Unzen in Japan fanden 1991 zwei französische Vulkanologen den Tod, Katja und Maurice Krafft. Sie fielen einer Lawine aus heißem Gas, Asche und Gesteinsbruchstücken zum Opfer.

Dank seines Hitzeschutzanzugs kann ein Vulkanologe unbeschadet einen Lavastrom überqueren.

Hochseefischer: immer an Deck

Der Beruf des Hochseefischers ist einer der härtesten überhaupt. Bei jedem Wetter muss er aufs Meer hinaus.

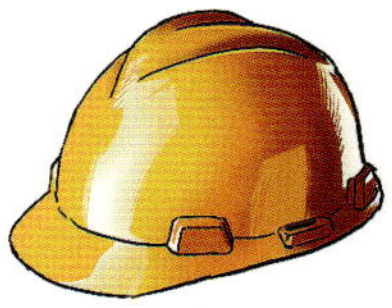

Der Hochseefischer arbeitet bei jedem Wetter, bei Tag und bei Nacht, bei eisigen Temperaturen, trotz Sturm und inmitten von Wellen, die bis zu 12 Meter hoch sein können. Ob er von einem Strand im Senegal früh morgens mit seiner Piroge aufs Meer hinausfährt, auf einem Trawler drei Tage lang in Küstennähe unterwegs ist oder auf einem riesigen Fabrikschiff monatelang über die Weltmeere fährt – immer ist sein Zuhause das Schiff.

Die Arbeit eines Hochseefischers besteht darin, die Fangnetze und Behälter auszusetzen und wieder einzuholen, sobald sie mit Fischen gefüllt sind. Daneben hilft er bei der Bedienung und der Instandhaltung des Schiffs. Wenn es dann wieder am Kai liegt, muss er helfen, es zu entladen und wieder klar zum Auslaufen zu machen.

Der Internationalen Arbeitsorganisation (ILO) zufolge üben die Hochseefischer den gefährlichsten Beruf der Welt aus. Alljährlich finden 24 000 von ihnen den Tod auf dem Meer. Nicht selten wird ein Mann beim Aussetzen des Netzes mit in die Tiefe gezogen. Trawler geraten häufig in Seenot. Sie kentern oder schlagen leck, wenn sie einen Felsen oder ein anderes Schiff rammen, an Bord bricht Feuer aus oder sie werden von Piraten überfallen.

Piraten gibt es keineswegs nur in Filmen. Die Überfälle der modernen Seeräuber haben ein noch nie gekanntes Ausmaß angenommen, vor allem in Südostasien und im Golf von Aden. Mit ihren wendigen Schnellbooten legen sie nachts an den Schiffen an und klettern an Bord, um sich in den Besitz des Schiffs oder seiner Ladung zu bringen. Die Besatzungsmitglieder werden von ihnen in den Laderäumen eingeschlossen, in vielen Fällen aber auch einfach ins Meer geworfen.

Nach mehreren Tagen auf hoher See bringen Fischer ihre Ladung in den sicheren Hafen.

Freileitungsmonteur: Vorsicht Hochspannung!

Für die Elektrizitätsversorgung sind Hochspannungsmonteure unverzichtbar, denn Sie reparieren Freileitungen. Ein Stromschlag wäre hier der sichere Tod.

Wenn man den Schalter anknipst, geht das Licht an. Das ist keine Zauberei. Dass aber jederzeit Strom aus unseren Steckdosen kommt, verdanken wir der Arbeit von Hochspannungstechnikern. Über Freileitungen fließt der Strom von den Kraftwerken in unsere Städte. Kommt es dabei zu einer Panne, kann das ganze Länder lahmlegen. So erlebten die Vereinigten Staaten und Kanada am 14. August 2003 um 16.13 Uhr den größten Stromausfall ihrer Geschichte: 50 Millionen Menschen waren in Zügen, U-Bahnen und Aufzügen gefangen, die ohne Strom nicht funktionieren. Verantwortlich für diese Jahrhundertpanne waren einige Bäume, die nicht rechtzeitig beschnitten worden waren. Sie hatten Freileitungen beschädigt und Kurzschlüsse verursacht.

Aufgabe des Freileitungstechnikers ist es, solche Pannen zu verhindern. Er ist für die Wartung und Überwachung von Hochspannungsleitungen verantwortlich, damit die Stromversorgung gewährleistet ist. Im Notfall muss er sich sofort an die Arbeit machen, auch bei schwierigen Witterungsverhältnissen wie Stürmen, Überschwemmungen und Frost. Schwindelfreiheit ist unabdingbar, denn er klettert behände an Strommasten hoch und arbeitet Dutzende Meter über dem Boden. Bei Reparaturen sollten die Leitungen nicht unter Spannung stehen. Da die Kosten einer Stromabschaltung aber sehr hoch sind, versucht man oft, die Arbeiten durchzuführen, ohne den Stromfluss zu unterbrechen. Die an der Freileitung anliegende Spannung beträgt dann 400 000 Volt (an der Steckdose sind es nur 230 Volt). Natürlich benutzt der Freileitungsmonteur Isolierstangen und trägt Schutzkleidung. Trotzdem können schadhafte Isolierungen oder ein Riss im Schutzanzug zu einem tödlichen Stromschlag mit Herzstillstand führen.

Bei Notfalleinätzen muss sich der Hochspannungsmonteur auch bei schwierigen Witterungsverhältnissen sofort an die Arbeit machen.

Berufssoldat: Pflichterfüllung großgeschrieben

Soldaten kämpfen, damit die Zivilbevölkerung ihres Landes in Frieden leben kann. Im Kriegsfall stehen sie oft vor einer schrecklichen Wahl: töten oder getötet werden.

Berufssoldaten werden für Einsätze zu Land, zu Wasser und in der Luft ausgebildet. Die Teilstreitkräfte werden Heer, Marine und Luftwaffe genannt. Offiziere und Unteroffiziere übernehmen die Führung der oft aus Wehrpflichtigen gebildeten Mannschaften. Ein Soldat wird in der Handhabung von Waffen unterwiesen und muss für den Einsatz im Konfliktfall in ausgezeichneter körperlicher Verfassung sein.

Soldat zu sein ist nicht nur ein Beruf, sondern eine äußerst verantwortungsvolle Aufgabe. Es bedeutet, das eigene Land und dessen politisches System auch unter Einsatz des eigenen Lebens zu verteidigen. Seit 1990 wird die deutsche Bundeswehr zu friedenserhaltenden und -sichernden Maßnahmen auch im Ausland eingesetzt, wenn es darum geht, in Krisengebieten bei Friedensmissionen einzugreifen oder diktatorische Regime zu stürzen.

Bisher kamen 90 Bundeswehrsoldaten bei Auslandseinsätzen ums Leben, in der französischen Armee waren es 316 in den letzten zehn Jahren. Das sind mehr als 30 pro Jahr. Seit 2001 sind 300 britische Soldaten in Afghanistan gefallen. Die Vereinigten Staaten haben dort bereits 1000 Mann verloren. Am verlustreichsten war für die USA jedoch der Irakkrieg mit mehr als 4050 Gefallenen. Die meisten fielen Sprengstoffanschlägen und Granatbeschuss auf Patrouillenfahrten zum Opfer. Die Zahl der Verwundeten lag bei 30 000, ein Drittel davon wird behindert bleiben. Auf irakischer Seite gibt es kaum verlässliche Statistiken, die Zahl der Gefallenen dürfte aber bei 20 000 liegen.

Der Soldat hat einen der gefährlichsten Berufe der Welt. Im Kriegsfall steht er oft vor einer schrecklichen Wahl: töten oder getötet werden.

Zu Fuß und im Panzer kämpfen Soldaten im Auftrag ihres Landes.

Dompteur: Bärenflüsterer und Löwenbändiger

Das spannende Leben als Dompteur hat seine guten Seiten, ist aber zugleich gefährlich, denn auch in einem dressierten Tier schlummern noch Raubtierinstinkte.

Tierabrichter arbeiten in einem Tierpark, einem Zirkus oder einem Tierschutzgebiet. Oft wurden Sie vorab als Tierwärter, Dompteur, Tierlehrer, oder Tierarzt ausgebildet, sodass sie es wagen können, sich vor einem Elefanten auf den Boden zu legen oder den Kopf in den Rachen eines Löwen zu stecken. Dank ihrer Erfahrung schaffen sie es, neben einem Delfin zu schwimmen, über den Zuschauern Adler kreisen zu lassen, einen Löwen, einen Wolf, ein Känguru oder einen Affen für Filmarbeiten abzurichten. Sie können auch ein krankes Tier vor der tierärztlichen Behandlung mit einem Geschoss aus einem Gewehr oder Blasrohr betäuben.

Bei einem so faszinierenden Beruf, der ständige Wachsamkeit erfordert, kommt es immer wieder zu Unfällen. In Kenia beispielsweise wurde ein Aufseher in einem Tierschutzgebiet von einem Flusspferdweibchen niedergetrampelt. In Schanghai wurde ein Tigerpfleger in einem Zoo von einem Pflegling angegriffen und getötet. In der Sea World von Orlando in Florida tötete ein Orca seine Dompteurin, als er sie beim Sprung mit ins Becken riss, wo sie ertrank. In Kalifornien tötete der Grizzlybär Rocky einen Tiertrainer bei Dreharbeiten.

Wer mit Tieren arbeitet, muss seine Grenzen und die des Tieres genau kennen. Durch scharfe Beobachtung muss er selbst kleinste Veränderungen in dessen Verhalten bemerken und mögliche Gefahren vorhersehen können.

Oberstes Gebot für Dompteure ist Wachsamkeit. Das Verhalten von Tigern ist unberechenbar, sie können unversehens angreifen.

Arzt ohne Grenzen: im Brennpunkt des Konflikts

Im Dienst internationaler Organisationen wie des Roten Kreuzes betreuen Ärzte im Auslandseinsatz die Opfer militärischer Konflikte.

Katastrophen, Erdbeben, Kriege … Ein Arzt, der für internationale humanitäre Einrichtungen arbeitet, muss auch unter Ausnahmebedingungen sofort bereit sein, für seine Organisation (Vereinte Nationen, Rotes Kreuz, Ärzte ohne Grenzen) gefährliche Reisen zu unternehmen. Im Einsatzgebiet muss er notfalls in Ruderboote steigen, um zu Verletzten zu gelangen, oder sich bis an die Front wagen, um Verwundete zu versorgen. Dazu muss er in Rekordzeit mitten im Busch oder in einem Flüchtlingslager ein Feldlazarett aufbauen, in dem er behandeln und operieren kann.

Der »Arzt ohne Grenzen« riskiert sein Leben, um das Leben anderer zu retten. Jederzeit kann er von einer verirrten Kugel, einer Mine oder Bombe getötet werden. Schlimmer noch: Immer häufiger wird er in Kriegsgebieten als Geisel genommen und ist bevorzugtes Ziel terroristischer Anschläge.

Allein im Jahr 2008 fanden 260 Mitarbeiter von Hilfsorganisationen den Tod, 19 davon in Afghanistan. Die Zahl der Getöteten steigt von Jahr zu Jahr. Am 2. Juni 2004 beispielsweise wurden fünf Mitglieder der medizinischen Hilfsorganisation »Ärzte ohne Grenzen« auf einer Straße im Nordwesten Afghanistans ermordet. Sie arbeiteten für die niederländische Sektion und waren in einer ländlichen Region im Rahmen eines Programms zur Bekämpfung der Tuberkulose tätig. 2008 wurden drei Mitarbeiter von »Ärzte ohne Grenzen« in Somalia von einem ferngezündeten Sprengsatz getötet.

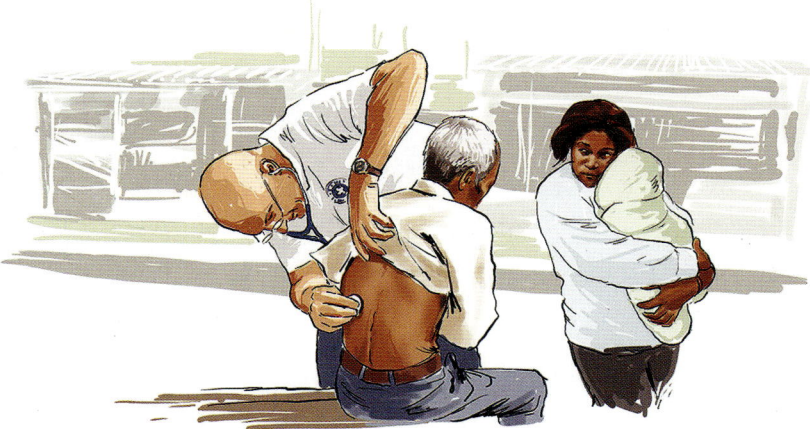

Frauen, Kinder, alte Menschen — Ärzte ohne Grenzen helfen Leidenden in der ganzen Welt.

Stuntman: im freien Fall

Der Stuntman nutzt seine athletischen Fähigkeiten bei einer Vorführung oder bei Filmarbeiten in extrem gefährlichen Szenen.

Fallschirmsprünge, Stürze mit dem brennenden Auto von einer Brücke, Sprünge durch geschlossene Fenster oder Flüge als lebende Kanonenkugel – das sind nur einige Beispiele für die Kunststücke, die ein Stuntman beherrschen muss, wenn Kino-, Fernseh- oder Werbefilme gedreht werden.

Einige internationale Filmstars wie Jackie Chan oder Harrison Ford führen ihre Stunts selbst durch – sehr zum Unbehagen ihrer Produzenten und Versicherer, die schaudernd einen möglichen Unfall befürchten. In den meisten Fällen aber wird der Schauspieler in gefährlichen Szenen von einem Stuntman gedoubelt, also durch einen Doppelgänger ersetzt. Mit Kleidung und Frisur des Darstellers versehen tritt das Stuntdouble an die Stelle des Schauspielers, wenn es gilt, gefährliche Szenen mit Schlägereien, Unfällen, Stürzen oder Bränden zu drehen.

Normalerweise sind Stuntmen auf bestimmte Action-Szenen spezialisiert, wie z. B. Autounfälle (Schleudern, Überschlagen), Pyrotechnik (lebende Fackel), Vorgänge an Bord von Flugzeugen (Fallschirmsprünge), Reitkunststücke (vom Pferd stürzen) oder Kampfkunst. Manche der Sportler, Piloten oder Akrobaten sind aber auch für mehrere Aktionsarten ausgebildet.

Große Vergnügungsparks beschäftigen Stuntmen für Vorführungen und bilden sogar eigene Nachwuchskräfte aus. Manchmal arbeiten Stuntmen auch für die Polizei, wenn im Rahmen von Ermittlungen ein Unfall nachgestellt werden muss. Auch auf Autoteststrecken begegnet man ihnen. Die großen Automobilhersteller setzen sie bei Crash-Tests mit neuen Modellen ein.

Professionelle Stuntmen sind keine Draufgänger. In diesem Gewerbe geht es nicht darum, Kopf und Kragen zu riskieren, sondern Gefahren ganz genau einzuschätzen und spektakuläre Szenen mit geringstmöglichem Risiko zu drehen.

Der Sprung aus dem brennenden Auto ist ein lebensgefährlicher Stunt.

Astronaut: Flug zu den Sternen

Astronauten bringen uns zum Träumen.
Wir fliegen mit ihnen zu den Sternen,
Millionen Lichtjahre von unserem
Alltag entfernt.

Der Begriff »Astronaut« leitet sich von den griechischen Wörtern »astron« für »Stern« und »nautes« für »Matrose« ab. Er bezeichnet einen Ingenieur oder Wissenschaftler, der zusätzlich zum Raumfahrer ausgebildet wurde. Während des Raumflugs testen die Ingenieure, Ärzte oder Biologen verschiedene Technologien, führen Versuche durch und werten die Daten aus. Ein Astronaut kann außerdem Roboter steuern, hat keine Probleme mit der Schwerelosigkeit und den Mut, das Raumschiff auch mal für einen Außeneinsatz zu verlassen.

Wer Astronaut werden will, muss viele Voraussetzungen erfüllen. Dazu gehören eine einwandfreie Gesundheit, Durchhaltevermögen, eine außergewöhnliche Konzentrationsfähigkeit und eiserne Nerven.

Ein Astronaut weiß, dass er bei jeder Mission sein Leben riskiert, denn trotz aller technischen Fortschritte kann es zu einem tödlichen Unfall kommen. Am 26. Januar 1986 beispielsweise startete die amerikanische Raumfähre »Challenger« zu ihrer 25. Weltraummission. 73 Sekunden nach dem Abheben explodierte sie bei einer Geschwindigkeit von 3200 km/h. Alle Menschen an Bord starben. Eines der sieben Besatzungsmitglieder, die High-School-Lehrerin Christa McAuliffe, war unter Tausenden von Bewerbern ausgewählt worden, um als erster Nichtastronaut in den Weltraum zu fliegen. Am 2. Februar 2003 ereignete sich eine weitere Raumfahrt-Katastrophe. Die amerikanische Raumfähre »Columbia« zerbarst auf dem Rückflug zur Erde, und alle sieben Besatzungsmitglieder wurden getötet.

Trotz aller Gefahren bringt uns der Beruf des Astronauten zum Träumen, aber nur wenige hatten das Glück, tatsächlich zum Mond zu fliegen. Seit dem ersten bemannten Weltraumflug (1961) konnten nur 500 Menschen den Titel »Astronaut« erwerben.

Bei seinen Außeneinsätzen im Weltraum führt der Astronaut wissenschaftliche Versuche durch.

Bergmann: Schlagwetter inbegriffen

Der Bergmann arbeitet kilometerweit unter der Erde. Sein Leben ist von Stolleneinstürzen, Wassereinbrüchen und Schlagwetterexplosionen bedroht.

In einem Bergwerk werden Bodenschätze wie Gold, Kupfer, Kohle und Eisenerze abgebaut. Die weltweit größten Bergwerke gibt es in Afrika und China. Dort arbeiten etwa 15 Millionen Menschen, Männer und Frauen, als Bergleute. Sie haben einen der gefährlichsten Berufe der Welt.

Zur Arbeit muss der Bergmann durch einen senkrechten Schacht bis zu den waagrechten Strecken oder Stollen einfahren. Sie führen in jene Gesteinsschichten, in denen das Erz oder die Kohle abgebaut werden. Meist liegen sie tief unten im Berg, wo es stickig heiß ist und es so gut wie keine Luftströmung gibt. Beim Herauslösen des Förderguts besteht die Gefahr, dass der Stollen einstürzt. Und wenn das aus dem Gestein gehauene oder gebohrte Material auf Grubenwagen geladen und zum Förderkorb gezogen wird, besteht die Gefahr, dass ein Grubenwagen sich ausklinkt und Bergarbeiter zerquetscht.

Zudem bedrohen sogenannte Schlagwetterexplosionen das Leben der Kumpel. Schlagwetter sind Grubengase, die vor allem aus Kohlenflözen austreten. Ihr Hauptbestandteil ist das leicht entzündliche Gas Methan. Mit Luft vermischt kann es sich durch einen Funken entzünden und starke Explosionen verursachen. In reicheren Ländern verwenden Bergleute daher spezielle Sicherheitslampen und achten auch beim Einsatz von elektrischem Strom auf erforderliche Gasschutzmaßnahmen. Zudem werden Gaswarngeräte verwendet. In armen Ländern sind diese technischen Geräte aber nicht immer verfügbar. Hier kommen zahlreiche Bergleute durch Explosionen ums Leben. In China fanden beispielsweise 2009 in Kohlebergwerken 2600 Bergleute den Tod. Im Jahr zuvor waren es 3200. In Südafrika sterben jedes Jahr 400 Arbeiter in den Gold- und Diamantenminen. Diese Bergwerke sind die tiefsten der Welt: Die Goldmine in Tautona reicht derzeit 3,9 Kilometer tief unter die Erde.

Nach stundenlanger Schwerstarbeit bringen die Bergleute die abgebauten Bodenschätze an die Oberfläche.

Höhlenforscher: Reise zum Mittelpunkt der Erde

In der Tiefe erkunden Höhlenforscher unterirdische Seen und Flüsse.

Wasser-, Eis-, Lava-, Gletscherhöhlen ... Höhlenforscher erkunden Erdspalten, Schächte und unterirdische Hohlräume. Die Landschaften unter der Erdoberfläche sind so vielfältig, dass manche sie als »sechsten Kontinent« bezeichnen. Diesen zu erforschen, ist eine anspruchsvolle Aufgabe, die umfassende Fachkenntnisse und eine spezielle Ausrüstung erfordert: Höhlenforscher sind mit Overall, Brust- und Höhlensitzgurt, Steinschlaghelm, Karbidlampe, Seilen, Kletterkarabinern und Gummistiefeln ausgestattet, mit denen sie durch knietiefes Wasser waten können.

Höhlenforscher findet man überall auf der Erde, in der Höhle von Lechuguilla in Neu-Mexiko, der größten der Welt, ebenso wie in der von Shuanghedongqun in China, deren Gänge eine Gesamtlänge von 54 Kilometern haben.

Die Erforschung einer Höhle ist kein Sonntagsspaziergang. Denn allzu leicht verirrt man sich in den unterirdischen Labyrinthen. Häufig kommt es zu Stürzen oder Abstürzen, wenn die Forscher im Dämmerlicht am Seil an einer nassen Felswand emporklettern müssen. Bei starken Regenfällen kann in einer Höhle außerdem unversehens das Wasser ansteigen. Man läuft dann Gefahr, zu ertrinken oder von den Fluten eingeschlossen zu werden.

Professionell betrieben wird Höhlenforschung von Wissenschaftlern zur Untersuchung des Bodens (Geologen), von Mineralen (Mineralogen), unterirdischen Gewässern (Hydrogeologen), versteinerten Resten von Lebewesen (Paläontologen) und prähistorischen Felsmalereien, Werkzeugen oder Waffen (Archäologen).

Interessierten Touristen stehen Höhlenführer zur Verfügung, die Hobbyforscher sicher durch die unterirdische Welt leiten.

Ausgerüstet mit Helm, Schutzanzug und Stirnlampe seilen sich Forscher in einen Höhlenschacht ab.

Biologe: der Virenjäger

In Hochsicherheitslabors erforschen in Schutzkleidung arbeitende Biologen die gefährlichsten
Viren der Welt.

Bestimmte Bakterien und Viren sind
so gefährlich, dass sie ein weltweites
Massensterben auslösen könnten. Um sie
zu bekämpfen, versuchen die Biologen, die
diese todbringenden Mikroorganismen erforschen, Medikamente und Impfstoffe gegen den jeweiligen Krankheits-
erreger zu entwickeln. Sie arbeiten in Speziallaboren, die
als »P4« eingestuft werden. Labore werden je nach Gefähr-
lichkeit der darin untersuchten Mikroorganismen in die
Sicherheitsstufen 1–4 eingeteilt. In diesen Hochsicher-
heitslaboren erforschen sie die gefährlichsten Mikroorganismen der Welt, die Ebola-, Pocken- und Pesterreger.

In P4-Laboren gelten außergewöhnlich hohe Sicher-
heitsvorschriften. Die Säle sind luftdicht verschlossen und
haben hermetische Türen. Die Forscher dürfen die Labore
nur in Schutzanzügen betreten, nachdem sie mehrere Des-
infektionskammern durchlaufen haben. Helm und Mikro-
fon ermöglichen ihnen die Kommunikation mit der Außen-
welt, ein mit der Decke verbundener gelber Schlauch führt
ihnen Atemluft zu. Ihre Arbeit wird ständig durch Kameras
überwacht. Nach Verlassen des Labors duschen die Forscher mit Phenol (einem starken Desinfektionsmittel), um
eine Verseuchung auszuschließen.

Das Risiko ist enorm: Ein Riss in der Schutzkleidung –
und man kann einem tödlichen Virus zum Opfer fallen.
2009 wurde in Hamburg eine in einem P4-Labor arbeitende Forscherin unter Quarantäne gestellt, nachdem sie sich
durch drei Handschuhe hindurch in die Hand gestochen
hatte: mit einer Spritze, die das Ebola-Virus enthielt. Sie
hatte Glück und überlebte.

Bisher ist nur ein einziger dramatischer Laborunfall
bekannt geworden. 1979 kamen in Russland 60 Menschen
ums Leben, nachdem sie sich mit Milzbrandbakterien infi-
ziert hatten.

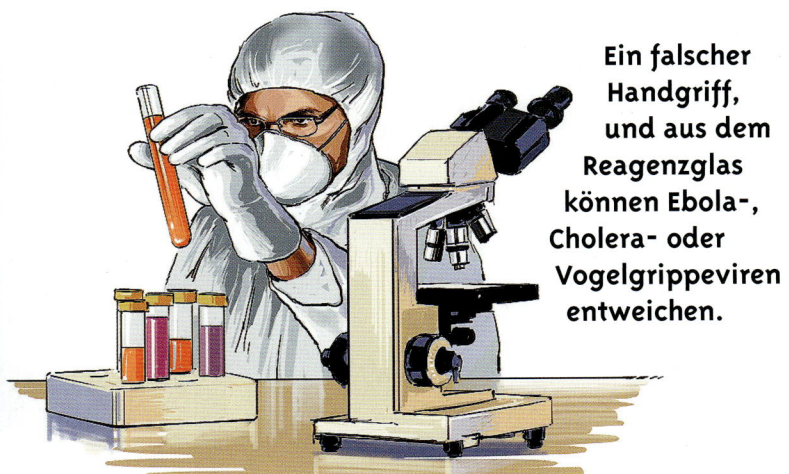

**Ein falscher
Handgriff,
und aus dem
Reagenzglas
können Ebola-,
Cholera- oder
Vogelgrippeviren
entweichen.**

Kampfpilot: der Himmelsritter

Konzentriert bereitet sich dieser Jagdpilot darauf vor, die Geschwindigkeit zu erhöhen, bevor er mit ohrenbetäubendem Knall die Schallmauer durchbricht.

Der Kampfpilot steuert Düsenflugzeuge, die mit konventionellen oder atomaren Waffen ausgerüstet sind. Die amerikanische F-16 »Falcon«, mit einer Kanone und zwei Raketen bewaffnet, ist das meistgebaute Kampfflugzeug weltweit.

Im Frieden trägt der Kampfpilot zum Schutz der Bevölkerung gegen Bedrohungen aus der Luft bei. Er ist ständig bereit, Luftfahrzeuge abzufangen, die unerlaubt in den Luftraum seines Landes eindringen. Im Kriegsfall kann er im Kampf eingesetzt werden. Er muss sein Flugzeug steuern und den Umgang mit den mitgeführten Waffen (Kanonen, Raketen, Bomben) und elektronischen Geräten (Laser, Radar, Kameras) beherrschen. Ein Kampfpilot muss in der Lage sein, sich schnell auf neue Modelle umzustellen, wie z. B. auf die »Rafale«, das neueste französische Jagdflugzeug mit einem ultramodernen und komplexen Waffensystem. Ein Kampfflugzeug ist nie allein im Einsatz, sondern immer in der Rotte oder einer größeren Gruppe.

Schon die Ausbildung in Friedenszeiten kann für den Kampfpiloten gefährlich sein. Bei Geschwindigkeiten bis zu 2200 km/h darf er sich keinerlei Fehler erlauben, und auch technische Pannen können tödliche Folgen haben.

Bei Kampfeinsätzen läuft er noch dazu Gefahr, von feindlichen Flugabwehrraketen oder Flugzeugen abgeschossen zu werden. Auch geistig und seelisch muss der Kampfpilot sehr robust sein. In Filmen oft als heldenhafter Himmelsritter dargestellt, kann er gezwungen sein, nicht nur den bewaffneten Feind, sondern auch Zivilpersonen und Kinder zu bekämpfen – eine ungeheure Verantwortung. Es kann sein, dass er zeitlebens unter Schuldgefühlen zu leiden hat.

Eine aus zwei Flugzeugen bestehende Rotte fliegt zum Übungseinsatz.

Holzfäller: von Stamm zu Stamm

Mit Schnittschutzkleidung und Schutzhelm ausgestattet zerlegt ein Holzarbeiter mit der Motorsäge einen frischgefällten Baumstamm.

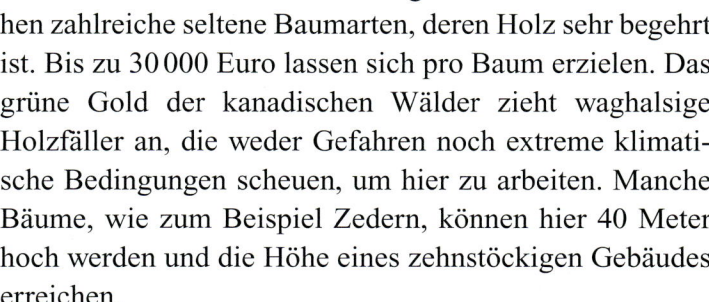

Die kanadischen Wälder bergen wahre Schätze. Denn dort gedeihen zahlreiche seltene Baumarten, deren Holz sehr begehrt ist. Bis zu 30 000 Euro lassen sich pro Baum erzielen. Das grüne Gold der kanadischen Wälder zieht waghalsige Holzfäller an, die weder Gefahren noch extreme klimatische Bedingungen scheuen, um hier zu arbeiten. Manche Bäume, wie zum Beispiel Zedern, können hier 40 Meter hoch werden und die Höhe eines zehnstöckigen Gebäudes erreichen.

Nicht überall wachsen die Bäume so hoch wie in Kanada, aber Holzfäller gibt es überall, wo es Wälder gibt. Beim Fällen gehen Waldarbeiter meist auf die gleiche Weise vor: Zuerst arbeitet sich der Holzfäller (in luftiger Höhe, durch Gurte gesichert) mit der Motorsäge von Baum zu Baum, um die Stämme durch Ausästen für das Fällen vorzubereiten. Dann wird dicht über dem Boden ein Bruchkerb in den Stamm geschnitten, der die Fallrichtung festlegt. Anschließend bringt der Holzfäller den Baum mit dem Fällschnitt zum Kippen, sodass der Stamm schließlich krachend in die vom Fallkerb vorgegebene Richtung stürzt.

Während des Umstürzens muss der Baum unablässig beobachtet werden, da die enormen Spannungen im Holz oder ein Windstoß seine Fallrichtung plötzlich ändern können. Von einem unkontrolliert fallenden, tonnenschweren Baum zermalmt zu werden, ist die größte Gefahr, die dem Holzfäller bei seiner Arbeit droht. Auch beim Verladen der Baumstämme kommt es häufig zu Unfällen, denn während die Stämme mit Stahlseilen auf die Lastwagen gehievt werden, kann sich das Seil lösen oder reißen.

In Entwicklungsländern werden oft nicht ausreichend Sicherheitsmaßnahmen ergriffen. In Indonesien beispielsweise, einem der wichtigsten Holzlieferanten der Welt, arbeiten viele Holzfäller sogar barfüßig und ohne Helm und Handschuhe. Dort kamen in den letzten zehn Jahren 2000 Holzfäller ums Leben.

Beim Umstürzen des Baums ist äußerste Vorsicht geboten. Es kommt immer wieder zu Unfällen.

Torero: der Kämpfer in der Arena

Ein Torero in seinem prachtvollen Gewand wird vom Stier auf die Hörner genommen und in die Höhe geschleudert.

Das spanische Wort »torero« leitet sich vom griechischen Wort »tauros« (Stier) ab und bezeichnet einen Stierkämpfer. Der Torero stellt sich dem Stier in einem ritualisierten Schaukampf, der im Spanischen »corrida de toros« genannt wird. Die Corrida entstand in Spanien zur Zeit des Mittelalters und in der Tradition der römischen Gladiatorenkämpfe, bei denen im Altertum Gladiatoren in der Arena unter anderem gegen Löwen und Tiger antraten.

Kampfstiere sind besonders temperamentvolle und angriffslustige Tiere. Sie wiegen etwa 500 bis 600 Kilo und sind sehr gefährlich. Diese extra für den Kampf gezüchteten und einzeln aufgezogenen Stiere haben vor dem Auftritt in der Arena noch nie einen Menschen zu Fuß gesehen, da die Züchter sich ihnen ausschließlich zu Pferd oder in einem Fahrzeug nähern. Ziel dieser Aufzuchtmethode ist es, den an die Einsamkeit gewöhnten Stier beim Anblick eines Toreros sofort angreifen zu lassen.

Im Verlauf eines Stierkampfs treten mehrere Toreros auf. Den Kampf eröffnet der berittene Picador, der den Stier mit der Lanze in den Nacken sticht, um seine Angriffslust zu fördern. Der Torero, der die Arena als letzter betritt, ist auch der bekannteste: der Matador. Mit einem roten Tuch, der Muleta, reizt er unter den Olé-Rufen der Zuschauer den Stier, bis er ihm schließlich den Degen in den Rücken stößt und ihn tötet.

Manchmal endet die Corrida auch tragisch für den Matador. Mangelnde Wendigkeit oder ein Sturz können dazu führen, dass der Stier den Torero mit seinen bis zu 50 Zentimeter langen Hörnern aufspießt. Dabei kann er den Picadores und Toreros schwerste Verletzungen zufügen oder sie sogar töten. In der Geschichte des Stierkampfs fanden 57 Matadore den Tod im Sand der Arena.

Mit seiner Muleta reizt der Torero den speziell für den Kampf gezüchteten Stier.

Autorennfahrer: mit Vollgas in die Kurve

Bei Höchstgeschwindigkeiten von mehr als 320 km/h leben Rennfahrer sehr gefährlich.

Autorennfahrer sind Profisportler, die sich am Steuer schneller Wagen auf der Strecke miteinander messen. Man unterscheidet zwischen Rundstreckenrennen, bei denen die Fahrer eine bestimmte Anzahl von Runden auf einer speziellen Rennstrecke drehen, und Rallyes. Dabei handelt es sich um Fernfahrten, die über öffentliche, aber etappenweise für den allgemeinen Verkehr gesperrte Straßen führen. Bei der wohl berühmtesten unter diesen Veranstaltungen, der Rallye Dakar, fahren die Piloten »offroad«, also querfeldein. Bei Rallyes hat der Fahrer einen Copiloten, der die Navigation übernimmt und über die Eigenschaften des kommenden Streckenabschnitts informiert.

Damit nur Autos von anähernd gleicher Leistung gegeneinander fahren, sind die Rundstreckenrennen in verschiedene Klassen eingeteilt, die Formeln genannt werden. Als »Königsklasse« gilt die Formel 1, und dementsprechend werden diese Rennen als Grand Prix bezeichnet. Die Saison 2011 umfasst 20 Rennen in aller Welt. Der Große Preis von Deutschland beispielsweise findet auf dem Hockenheimring statt. Der Fahrer, der über die Saison die meisten Punkte sammelt, wird Weltmeister.

Um unbeschadet mit Geschwindigkeiten von 250 km/h über die Rennstrecke rasen zu können, muss der Fahrer über außerordentliche körperliche Fähigkeiten verfügen und extrem schnell reagieren können.

Die Gefahr fährt im Motorsport immer mit. Die Zahl der Piloten, die bei Rennen oder im Training ums Leben kamen, ist beeindruckend. Um die Unfallfolgen zu mindern, hat der Internationale Automobilverband (FIA) die Konstruktion der Rennwagen und die Sicherheitsvorkehrungen an der Strecke streng geregelt. Die Karosserien der Rennwagen sind extrem stabil gebaut, die Fahrer mit Integralhelm, feuerfestem Rennanzug und dem Nackenschutzsystem »Hans« gut geschützt. Diesen Sicherheitsmaßnahmen ist es zu verdanken, dass es in der Formel 1 seit Jahren keinen tödlichen Unfall mehr gegeben hat.

Eine der größten Gefahren bei Autorennen ist, dass der Wagen in Brand gerät.

Pyrotechniker: leuchtende Pracht am Himmel

Der Pyrotechniker muss beim Aufbau eines Feuerwerks äußerst genau arbeiten. Andernfalls könnten die Raketen ungewollt explodieren und Schaden anrichten.

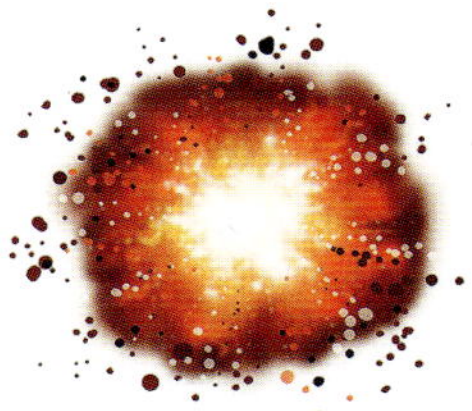

Ob zu Silvester, zur Krönung sommerlicher Feste in Badeorten, zum Gedenken an ein großes historisches Ereignis oder als Abschluss eines Open-Air-Konzerts – Gelegenheiten, ein Feuerwerk zu genießen, gibt es viele, und dieses Schauspiel verdanken wir dem Pyrotechniker.

Als Feuerwerksspezialist muss der Pyrotechniker sehr genau und sorgfältig vorgehen, da er mit gefährlichen Sprengstoffen arbeitet. Sein Beruf ist mit sehr viel Stress verbunden. Ständig auf die Sicherheit der Zuschauer und seines Teams bedacht, darf er nichts dem Zufall überlassen. Um sein kunstvolles Schauspiel aus Lichteffekten zu inszenieren, wählt er im Vorfeld die Feuerwerkskörper nach Art und Farben aus, schätzt Entfernungen ab, positioniert die Raketen, bestimmt genau den Zeitpunkt, zu dem sie abgefeuert werden müssen und betätigt schließlich die Zündvorrichtungen.

Die ersten Feuerwerke gab es bereits im 8. Jahrhundert in China. Sie gingen einher mit der Erfindung des Schießpulvers und waren dementsprechend eher laut als farbenfroh. In Japan und in Italien gelangte die Feuerwerkskunst im 14. Jahrhundert zu einer ersten Blüte und entwickelte sich weltweit dank des technischen Fortschritts bis heute unaufhörlich weiter. Elektrische und elektronische Zündungen machen es möglich, Feuerwerke von nie gekannter Komplexität zu veranstalten und die Risiken zu vermindern. Dennoch ereignen sich immer wieder schwere Unfälle. Am 4. Juli 2010 bespielsweise, dem amerikanischen Unabhängigkeitstag, schlugen auf dem Campus der Palmyra Middle School in Pennsylvania beim Schlussbukett mehrere Feuerwerkskörper im Publikum ein. Ein Dutzend Zuschauer erlitt Brandverletzungen.

Pyrotechniker zaubern herrliche Feuerwerke an den nächtlichen Himmel.

Spion: in geheimer Mission

Der berühmteste aller Geheimagenten ist wahrscheinlich James Bond. Im wirklichen Leben sind Spione aber viel unauffälliger.

Geheimagenten darf man sich nicht wie James Bond vorstellen. Sie fahren weder Luxussportwagen noch tragen sie technische Wunderwaffen in ihren Aktenkoffern mit sich herum. Die wichtigste Eigenschaft von Spionen und Geheimagenten ist ihre Unauffälligkeit. Oft benutzen sie mehrere Identitäten, sodass sogar Angehörige nichts von ihrem geheimen Beruf ahnen.

Ein Agent ist ein staatlicher Beamter und arbeitet für den Nachrichtendienst seines Landes: die CIA in den Vereinigten Staaten, den Mossad in Israël, den Intelligence Service in Großbritannien, die DGSE in Frankreich oder den Bundesnachrichtendienst in Deutschland. Er hat die Aufgabe, für seine Regierung vertrauliche Informationen über einen Staat, eine Organisation oder ein Unternehmen zu beschaffen, und zu verhindern, dass entsprechende Informationen aus dem eigenen Land in die Hände Unbefugter gelangen. Jeder Geheimagent hat bestimmte Kompetenzen. Manche sind auf Überwachungsaufgaben spezialisiert, andere auf Verhöre, wieder andere besorgen Informationen mithilfe von Kontaktpersonen, die als »Quellen« bezeichnet werden.

Um seinen Auftrag durchzuführen, greift der Geheimagent mitunter auch zu illegalen Mitteln wie Sabotage, Einbruch, Einschüchterung, brutale Verhörmethoden und manchmal sogar zum Mord. Kein Staat wird aber jemals zugeben, dass sein Geheimdienst sich solcher Methoden bedient. Sie müssen also geheim bleiben. Wird ein Agent im Einsatz von der gegnerischen Spionageabwehr enttarnt und festgenommen, so werden ihn seine Auftraggeber meist verleugnen und seinem Schicksal überlassen. So kann es sein, dass im Ausland enttarnte Agenten lange Jahre in Haft bleiben müssen oder im schlimmsten Fall sogar ermordet oder mit dem Tod bestraft werden.

Der Spion besorgt hochgeheime Informationen. Dabei muss er völlig unauffällig vorgehen.

Filmplakat:

LAUREN FILMS PRESENTA

JEAN DUJARDIN

...EJO

AURE ATIKA

OSS 117

...AIRO · NIDO DE ESPIAS

UN FILM DE **MICHEL HAZANAVICIUS**

JEAN-FRANCOIS HALIN BASADO EN LA NOVELA OSS 117 DE JEAN BRUCE
...ACIÓN DE DIALOGOS JEAN-FRANÇOIS HALIN MICHEL HAZANAVICIUS
...L ERIC PRAT LAURENT BATEAU CLAUDE BROSSET ARSENE MOSCA ABDALLAH MOUNDY FRANCOIS
...ROV YOUSSEF HAMID IMAGEN GUILLAUME SCHIFFMAN A.F.C DECORACIÓN MAAMAR ECH-CHEIKH
...DAVID CASTING STEPHANE TOUITOU PRIMER ASISTENTE DIRECTOR MATTHEW GLEDHILL
...SE GERARD LAMPS MONTAGE REYNALD BERTRAND DIRECTOR DE PRODUCCIÓN DANIEL CHEVALIER
...OVIC BOURCE KAMEL ECH-CHEIKH PRODUCIDO POR ERIC Y NICOLAS ALTMAYER
...FILMS GAUMONT M6 FILMS CON LA PARTICIPACIÓN DE CANAL + CINECINEMA ARTEMIS Y M6
Todos los derechos reservados Lauren Films Video Hogar S.A.

Seenotretter: Einsatz bei Sturm und Wellen

Weder Sturm noch meterhohe Wellen können die Seenothelfer von ihrem Einsatz abhalten.

Wenn Menschen auf See in Gefahr geraten, kommen ihnen Seenotretter zu Hilfe. Ist ein Mann über Bord gegangen, sind Schiffe zusammengestoßen, auf Grund gelaufen oder gekentert, manövrierunfähig oder leckgeschlagen und vom Sinken bedroht, wird über Funk ein Notruf abgesetzt. Zusätzlich können Notraketen abgefeuert werden, um mit einem optischen Signal die Seenotrettung zu alarmieren. Dies ist für die äußerst seetüchtigen Seenotkreuzer das Zeichen zum Auslaufen. Der Seenotretter muss rund um die Uhr einsatzbereit sein und bei jedem Wetter Wind und Wellen trotzen. Manchmal bezahlt er seinen Mut mit dem Leben.

Trotz des Aufwands an Zeit, Rettungskräften und Geräten ist die Rettung aus Seenot kostenlos – eine Tradition, die weltweit gepflegt wird.

An Meeresstränden und auf Binnengewässern leisten Rettungsschwimmer und Angehörige der Wasserwacht ihren Dienst. Sie eilen Badenden zu Hilfe, die von der Strömung abgetrieben werden oder bei einem Schwächeanfall zu ertrinken drohen, oder helfen Surfern oder Seglern, die in Schwierigkeiten geraten sind.

Der Rettungsschwimmer benutzt bei seinen Einsätzen ein Stahlseil mit einer Länge von 100 bis 400 Metern, um sich zu sichern. Die Halteleine rollt von einer Spule ab und endet in einer von einem Schlauch umhüllten Schlaufe, die sich der Retter um den Oberkörper geschlungen hat. Auf diese Weise können ihn die Helfer jederzeit an den Strand zurückziehen.

An den Stränden steht im Sommer die Wasserwacht bereit, um Badenden oder Surfern in Not Hilfe zu leisten.

Bohrinselarbeiter: gefährliches schwarzes Gold

Mit gewaltigem Druck schießt Erdöl an der Bohrstelle an die Oberfläche. Als Energielieferant ist der Rohstoff für Industriestaaten so kostbar wie Gold.

Aufgabe der Arbeiter auf Bohrplattformen ist es, im Meeresgrund lagernde Erdölvorräte mittels Bohrgestängen zu erschließen und zu fördern. Sobald das Öl gefördert ist, wird es von Wasserbeimengungen befreit und mit Tankern zu den Raffinerien gebracht. Dort wird das »schwarze Gold« zu Kraftstoff für den Antrieb von Fahrzeugen verarbeitet. Bohringenieure und Plattformarbeiter verbringen jeweils mehrere Wochen auf einer Bohrinsel vor der Küste. Sie sind hier nicht allein. Insgesamt sind auf einer Ölplattform 150 bis 300 Menschen beschäftigt. Ärzte, Köche, Reinigungskräfte sorgen in diesen schwimmenden Städten für einen geregelten Alltag.

Bohrinseln wurden in sämtlichen Meeren der Welt errichtet – in der Nordsee, im Persischen Golf, im Chinesischen Meer, im Golf von Guinea, im Mittelmeer, vor den Küsten Brasiliens, Malaysias und Australiens. Die Arbeit auf der Plattform ist anstrengend und gefährlich. Leicht kann es zu Unfällen mit ungesicherten elektrischen Einrichtungen kommen, und Wind und Wellen lassen die Plattform schlingern wie ein Schiff, wenn die Witterungsverhältnisse extrem werden. Die Plattformen sind bis zu 55 Meter hoch, aber dennoch können Wellen die Oberfläche erreichen und Arbeiter von der künstlichen Insel reißen.

Die größte Gefahr besteht jedoch darin, dass es auf der Ölbohrstelle durch ausströmendes Erdgas zu einer Explosion kommt. So sank im April 2010 im Golf von Mexiko vor der Küste Louisianas eine durch eine Explosion beschädigte Bohrinsel. Das nun ungehindert ins Meer austretende Öl verursachte eine Umweltkatastrophe von noch unabsehbarem Ausmaß. Auf der von Transocean im Auftrag von British Petroleum betriebenen Plattform befanden sich zum Zeitpunkt der Explosion 126 Arbeiter. Den meisten gelang es, sich in Boote zu retten, aber 17 Menschen erlitten Verletzungen und elf starben.

Bohrinselarbeiter sind wochenlang auf Plattformen im stürmischen Meer im Einsatz.

Taucher: mit Pressluftflaschen unter Wasser

In den Tiefen des Meeres drohen dem Taucher zahlreiche Gefahren.

Taucher tragen wasserdichte Taucheranzüge, sind mit Druckluftflasche und Atemregler ausgerüstet und üben die verschiedensten Berufe aus. Oft denkt man bei Berufstauchern vor allem an »Schatzsucher«, doch die Wirklichkeit sieht anders aus.

Viele Berufstaucher arbeiten als Handwerker in Häfen und Werften. Sie sind Spezialisten, die z. B. mit Schweißgeräten Reparaturarbeiten ausführen. Dabei bewegen sie sich nicht im klaren, türkisfarbenen Wasser idyllischer Lagunen, sondern in schmutzigen Hafenbecken, Erdöltanks, Abwasserkanälen, ja sogar in Wasserbecken auf dem Gelände von Atomkraftwerken. Schöner haben es da die Sporttauchlehrer. Sie leiten Tauchgänge für Touristen in Urlaubsgebieten, insbesondere im Mittelmeer, im Roten Meer, in der Karibik oder auf den Malediven. Andere Berufstaucher führen unter der Meeresoberfläche wissenschaftliche Versuche in den Bereichen Biologie, Zoologie und Fischzucht durch, nehmen Tier- und Pflanzenzählungen vor oder fotografieren und filmen die Unterwasserwelt. Taucher können außerdem als Bergungstaucher oder Kampfschwimmer tätig sein, die bei Rettungsarbeiten oder bei Minenräumungen zum Einsatz kommen.

Tauchen im Meer ist selbst für Profitaucher gefährlich. Sie können von Wellen auf Klippen geschleudert oder von Strömungen fortgetrieben werden oder sich in einem Fischernetz verfangen. Auf dem Meeresgrund liegen zahlreiche Bomben und Granaten, bei denen auch heute noch Explosionsgefahr besteht. Auch beim Zusammentreffen mit Kraken und Haien kann es zu Unfällen kommen. Die häufigsten Unfälle beim Tauchen ereignen sich aber im Zusammenhang mit mangelhaftem Druckausgleich. Ein zu schnelles Auftauchen kann Risse im Trommelfell verursachen und die gefürchtete Taucherkrankheit zur Folge haben, die ohne Sauerstoff- und Druckkammerbehandlung in schweren Fällen tödlich enden kann. 2009 kam es im Mittelmeer zu 120 Tauchunfällen, bei denen neun Menschen starben.

Bei einer Begegnung mit einem Hai muss der Taucher absolute Ruhe bewahren.

59

Leibwächter: Schutz mit dem eigenen Körper

Weltstars zeigen sich in der Öffentlichkeit selten ohne Leibwächter.

Ein Leibwächter, englisch *bodyguard*, hat die Aufgabe, das Leben eines anderen Menschen zu schützen. Meist handelt es sich dabei um berühmte Persönlichkeiten wie Politiker, Film- und Musikstars, die ihre Sicherheit bei Auftritten in der Öffentlichkeit einem oder mehreren Leibwächtern anvertrauen. Leibwächter können staatliche Personenschützer sein, also Polizeibeamte, aber auch für einen privaten Sicherheitsdienst arbeiten. Sie sind im Schusswaffengebrauch und Nahkampf ausgebildet und müssen regelmäßig trainieren, um einsatzfähig zu bleiben.

Auf seinen Einsätzen ist der Bodyguard bewaffnet und mit Mobiltelefon oder Sprechfunkgerät ausgerüstet, über das er mit seinen Kollegen in Verbindung bleibt. Bei Gefahreinsätzen trägt er ein »Tryptichon«, einen Koffer, der sich in Sekundenschnelle zu drei kugelsicheren Platten auffaltet, mit denen die Schutzperson abgeschirmt wird.

Der Leibwächter muss bereit sein, sein Leben für die Schutzperson aufs Spiel zu setzen und sie im Fall eines Anschlags sogar mit dem eigenen Körper zu decken. Bei jedem »Bad in der Menge« muss mit einem Attentat mit Messer oder Schusswaffe oder einem Entführungsversuch gerechnet werden und der Leibwächter hat alle potenziellen Gefahren im Blick. Er muss nicht nur wachsam und diszipliniert sein, sondern als Begleiter hochrangiger Persönlichkeiten auch die Regeln der Höflichkeit und des guten Benehmens beherrschen.

Das Berufsrisiko der Personenschützer ist sehr hoch. Viele haben in Ausübung ihres Dienstes ihr Leben verloren.

Barack Obama, der vierzigste Präsident der Vereinigten Staaten, wird mit bisher ungekanntem Aufwand geschützt. Fünfzehn Bodyguards wachen rund um die Uhr über ihn und seine Familie. Auf ihnen lastet eine ungeheure Verantwortung. In den USA wurden vier amtierende Präsidenten ermordet, darunter Abraham Lincoln und John F. Kennedy.

Leibwächter begleiten den Papst, um die Sicherheit des kirchlichen Würdenträgers zu gewährleisten.

Rettungshelfer am World Trade Center

Der Anschlag auf das World Trade Center am 11. September 2001 wird eines der größten Dramen der Geschichte bleiben. Beim Versuch, den Opfern zu helfen, verloren Hunderte von Rettungskräften ihr Leben.

Es war der folgenschwerste Terrorakt der Geschichte, als am 11. September 2001 zwei von Terroristen entführte Flugzeuge das World Trade Center in New York rammten und damit das Herz der westlichen Welt erschütterten. Um 8.46 Uhr Ortszeit krachte Flug 11 der American Airlines in den nördlichen der beiden Zwillingstürme, und siebzehn Minuten später, um 9.03 Uhr, raste Flug 175 derselben Gesellschaft in den Südturm. Nach weniger als drei Stunden waren mehr als 200 Einheiten der New Yorker Feuerwehr (FDNY) am Katastrophenort im Einsatz.

Mutig stiegen Feuerwehrmänner die Treppen der brennenden Wolkenkratzer hoch, um so viele Eingeschlossene wie möglich zu retten. Aber die Zwillingstürme waren durch das Feuer so schwer beschädigt worden, dass sie in sich zusammenstürzten und alles unter sich begruben.

Zu den rund 2700 Opfern des eigentlichen Terroranschlags kommen noch 343 New Yorker Feuerwehrleute und 68 Polizisten und Sanitäter hinzu, die beim Rettungseinsatz den Tod fanden. Sie kamen in den Flammen um, wurden von herabstürzenden Trümmern erschlagen oder unter Schutt lebendig begraben.

Nach dem Einsturz der beiden Türme suchten mehr als 10 000 Rettungskräfte und freiwillige Helfer mit Spürhunden ohne Unterlass nach Überlebenden, um sie aus den Trümmern zu befreien. Alle diese Rettungskräfte erlitten schwere Vergiftungen, weil sie über Stunden mit Asbest, Kerosin, Quecksilber und Blei vergiftete Luft eingeatmet hatten. Diese Gifte waren beim Verbrennen von Flugzeugteilen, Computern und Baumaterialien freigesetzt worden. Seit dem 11. September 2001 starben schätzungsweise 360 der beteiligten Rettungskräfte an Lungen-, Magen-, Darm- oder Blutkrebs, Tausende leiden unter schweren Lungenschäden.

Rettungskräfte leisten sofortige Hilfe bei Unfällen, Anschlägen oder Katastrophen.

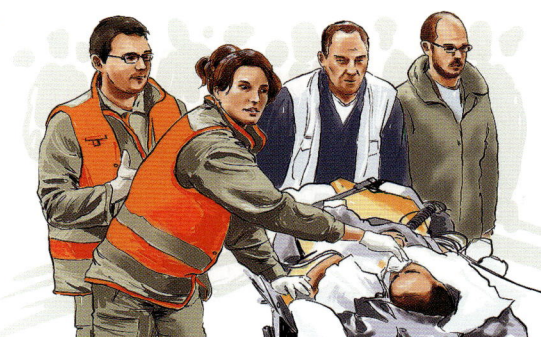

Bergführer: im Rausch des Gipfelsturms

Im Sommer wie im Winter begleiten Bergführer Touristen und sorgen im Gebirge für ihre Sicherheit.

Bergführer sind hochqualifizierte Berufsalpinisten mit staatlichem Diplom. Sie begleiten Einzelpersonen oder Gruppen auf Berg- und Klettertouren oder auf hochalpinen Skitouren. Man begegnet ihnen in den Alpen, im Himalaya oder in den Anden. Sie besteigen Felswände, verschneite Gipfel und überqueren Gletscher.

Der Bergführer kennt sich in den Bergen bestens aus und wacht über die Sicherheit der Touristen, für die er die Verantwortung übernommen hat. In Wintersportgebieten kann es auch zu seinen Aufgaben gehören, am Morgen kontrolliert Lawinen auszulösen, damit die Pisten für die Skifahrer freigegeben werden können. Er benutzt dabei Sprengladungen, die am Hang hochtransportiert oder mit dem Hubschrauber abgesetzt werden.

Der Beruf des Bergführers erfordert, dass er die Gefahren kennt und meistert, die in Fels, Schnee und Eis auftreten können, dass er sämtliche Kletter- oder Skifahrtechniken und den Umgang mit Klettergeräten wie Seil und Haken ebenso beherrscht wie die Überlebenstechniken unter extremen Bedingungen.

Doch so routiniert und vorsichtig ein Bergführer auch ist – in den Bergen besteht immer ein Restrisiko. Alle Jahre wieder fallen auch erfahrene Sportler Winterstürmen, Felsstürzen und Lawinen zum Opfer. Ob Amateuralpinist oder erfahrener Bergführer, der Berg kennt keinen Unterschied. Seit 1922 sind am Mount Everest 210 Berufsbergsteiger tödlich verunglückt.

Allein oder als Seilschaft: Bergführer erproben ihr Können an den höchsten Gipfeln der Welt.

Hubschrauberpilot: überall und schnell

Ob auf hoher See oder im Hochgebirge – wenn es in abwegigen Gegenden zu helfen gilt, ist der Hubschrauberpilot rasch zur Stelle.

Wenn Menschen an Orten in Not geraten, die mit keinem anderen Luft-, See- oder Landfahrzeug zu erreichen sind, kann nur der Hubschrauberpilot rasche Hilfe bringen. Als Rettungspilot ist er im Hochgebirge ebenso im Einsatz wie auf hoher See.

Er arbeitet auch in vielen anderen Bereichen, wie beispielsweise in der Landwirtschaft, um aus der Luft Insektizide oder Düngemittel zu versprühen, oder im Transportwesen, um Güter, Medikamente und Baumaterial in schwer zugängliche Gebiete zu bringen oder gefällte Bäume abzutransportieren.

Seine häufigste Aufgabe aber ist der Passagiertransport: Er befördert Fotografen, die Luftaufnahmen machen, bringt Forscher oder hochrangige Persönlichkeiten an ihren Bestimmungsort. Kurz gesagt, ein Hubschrauberpilot muss äußerst flexibel sein und sich an die verschiedensten Situationen anpassen können. Er muss stets einen kühlen Kopf bewahren, schnell reagieren und vorsichtig sein. Das gilt für das Fliegen, aber auch für die Flugvorbereitung. Er allein ist verantwortlich für den störungsfreien Verlauf des Fluges. Er muss die Route anhand von Luftfahrtkarten genau planen, den Treibstoffvorrat überprüfen und sich über das zu überfliegende Gebiet und die Wetterlage genau informieren.

Weniger spektakulär als Rettungsflüge im Gebirge ist der Einsatz in der Landwirtschaft, trotzdem ereignen sich hier 50 Prozent der Hubschrauberunfälle. Beim Ausbringen von Dünger oder Pflanzenschutzmitteln muss der Pilot langsam und bodennah fliegen, sodass er ständig Gefahr läuft, ein Hindernis zu rammen oder an ein Stromkabel zu stoßen.

Beim Versprühen von Insektenvernichtungsmitteln muss der Hubschrauberpilot sehr genaue Arbeit leisten.

Luftakrobat: Salto mortale

Hoch in der Luft führt der Trapezkünstler seine Kunststücke und gefährlichen Sprünge vor, um das Publikum in Atem zu halten.

Die spektakulären Darbietungen am Trapez sind wahrscheinlich die gefährlichsten Zirkuskunststücke überhaupt. Dutzende Artisten erlitten bei Unfällen schwere Verletzungen oder starben, nachdem sie sich zur Unterhaltung der Zuschauer in die Lüfte geschwungen hatten.

In der Luftakrobatik gibt es zwei Richtungen: Bei der einen führt der Artist Luftkunststücke vor und wird dann von einem Fänger aufgenommen, bei der anderen schwingt der Artist im fliegenden Wechsel ohne Fänger von Trapez zu Trapez. Die zweite Variante ist besonders gefährlich: Der Artist schwingt sich von seinem Trapez in die Höhe, um sich dann auf ein zweites, ihm entgegenpendelndes Trapez zu retten. Hier müssen die Aktionen genauestens aufeinander abgestimmt sein. Ein Fänger kann sich dem Flieger entgegenrecken, um ihn aufzufangen, dadurch ist eine gewisse Korrekturmöglichkeit gegeben. Ein leer schwingendes Trapez hingegen folgt blind seiner Bahn.

Trapezkünstler müssen ihre Bewegungen genauestens mit dem Trapez oder dem Fänger abstimmen. Selbst wenn sie mit einem Netz arbeiten, können sie verunglücken.

2006 stürzte ein Trapezkünstler der weltbekannten Truppe Les Antares in Paris vor den Augen der Zuschauer in die Tiefe und starb. Der Unfall ereignete sich bei einer Nummer, die diese Truppe bereits Hunderte Male erfolgreich vorgeführt hatte. 2009 stürzte ein Artist des berühmten Cirque du Soleil aus Montreal beim Training ab und zog sich eine tödliche Schädelverletzung zu.

Die Bewegungen von Luftakrobaten müssen genau aufeinender abgestimmt sein. Ein Absturz kann tödlich enden

Fahrradkurier: scharf auf Verkehrsgewühl

Die New Yorker Fahrradkuriere kennen keine Furcht. Über den Lenker gebeugt stürzen sie sich in den Verkehr, um eilige Sendungen an den Bestimmungsort zu bringen.

Wall Street um 8 Uhr morgens. Im Geschäftsviertel von New York City schwingen sich Fahrradkuriere in den Sattel mit dem Auftrag, wichtige Sendungen schnellstmöglich von einem Ende der Stadt ans andere zu bringen. Sämtliche großen Unternehmen beschäftigen in New York Kuriere, denn die bringen Eilsendungen schneller ans Ziel als die Post. Die amerikanische und manchmal sogar die Weltwirtschaft hängen von Briefen ab, deren Beförderung Radfahrern anvertraut wurde.

Unablässig durcheilen 2000 Radkuriere die Straßen von »Big Apple«, dem »großen Apfel«, wie New York scherzhaft genannt wird. Sie machen vor nichts halt, weder vor Autos noch vor Bussen, sondern schlängeln sich geschickt durch den dichten Verkehr, selbst wenn ihnen wild hupende Taxis entgegenkommen. Straßenverkehrsregeln, rote Ampeln und Einbahnregelungen werden von den blitzschnellen Fahrradkurieren oft einfach ignoriert.

Aber diese Schnelligkeit hat auch ihren Preis. Bei Zusammenstößen mit Bussen oder Taxis sterben in New York alljährlich etwa zwanzig Fahrradkuriere, in London sind es etwa zehn.

Heute gibt es Fahrradkuriere in vielen größeren Städten wie Los Angeles, Tokio, Berlin, Brüssel, Detroit oder Sydney. Und sie treten sogar schon in jenen europäischen Hauptstädten in Erscheinung, in denen Kuriere ihre Briefe, Pakete oder Pizzas traditionellerweise lieber auf Motorrollern transportieren, wie Paris oder Rom.

Fahrradkurier zu sein ist mehr als ein Beruf. Die Kuriere betrachten sich als Helden des Großstadtdschungels. Zum Beweis dafür veranstalten sie alljährlich die Weltmeisterschaft der Radkuriere.

»Schneller und immer schneller« lautet die Devise der Fahrradkuriere, die sich in New York durch die mit Autos verstopften Straßen schlängeln.

Antiterrorspezialist: Schrecken der Terroristen

Die »schwarzen Männer« sind Angehörige von Spezialeinheiten. Ihre Aufgabe ist die Bekämpfung von Terroristen.

Im Dezember 1994 wird ein in Algerien gestarteter Airbus der Air France von islamistischen Terroristen entführt. Die Entführer zwingen die Piloten, die Maschine in Marseille Marignane zu landen und drohen mit der Ermordung der 173 Passagiere, falls nicht einige ihrer inhaftierten Kameraden freigelassen würden. Nach der Landung geht die Eingreiftruppe der französischen Polizei, der Gendarmerie Nationale, zum Angriff über. Ihre dunkel gekleideten Männer klettern am Flugzeug hoch und öffnen die Türen. 75 Sekunden, nachdem die ersten Schüsse fallen, entfaltet sich eine erste Notrutsche, auf der die ersten etwa fünfzig Passagiere aus dem Flugzeug fliehen können. Dann sind neue Detonationen zu hören: ein Schusswechsel, explodierende Blendgranaten. Schlussbilanz: vier getötete Terroristen, drei verletzte Besatzungsmitglieder, 13 leicht verletzte Passagiere, neun verletzte Polizisten, acht davon mit Schusswunden.

Die meisten großen Staaten der Welt unterhalten im Rahmen ihrer Streitkräfte oder der Polizei solche Spezialeinheiten. In Deutschland ist es die »Grenzschutzgruppe 9« (GSG 9). Sie werden zur Geiselbefreiung, zur Beendigung von Flugzeugentführungen oder bei terroristischen Anschlägen eingesetzt.

Je nach Land tragen diese Einheiten unterschiedliche Bezeichnungen. Mitunter werden sie auch als »schwarze Männer« oder »Ninjas« bezeichnet, da sie im Einsatz schwarze Sturmhauben tragen, um ihr Gesicht unkenntlich zu machen. Schwarze Männer erfüllen unter Lebensgefahr ihre Aufgabe, das Leben anderer zu retten. Als Taucher, Fallschirmjäger, Kampfsportspezialisten oder Scharfschützen sind die Angehörigen von Antiterroreinheiten darauf trainiert, auch gefährlichste Situationen zu meistern. Die nationalen Einheiten arbeiten im Rahmen von Interpol (International Police) zusammen, um Antiterroreinsätze auf internationaler Ebene zu koordinieren.

Die Angehörigen von Antiterroreinheiten machen ihre Gesichter durch Sturmhauben unkenntlich.

Augenzeugen

»Wir machen uns auf die Reise, wenn es zu Kriegen kommt, zu besonderen Vorfällen, Tsunamis, Katastrophen jeder Art. Wir teilen mit Unbekannten das, was wohl die tragischste Situation ihres Lebens bleiben wird, außergewöhnlich im wahrsten Sinne des Wortes. Ich werde oft gefragt, ob ich Filmstars oder Politikern begegne. Die Antwort ist nein. Was ich liebe, sind die einfachen Menschen, gewöhnliche Leute, die mit außergewöhnlichen Situationen konfrontiert werden, die der Sturm fortreißt und denen nie jemand ein Denkmal setzen wird.«

Florence Aubenas, Grand reporter, (Bayard, 2009)

»Ich befand mich zwischen dem ersten und dem zweiten Stockwerk, als plötzlich der ganze Bau zu zittern begann. Ich habe die Erschütterung gehört und gespürt. Mir wurde klar, dass er einstürzte. Dann hörte ich, wie die Stockwerke eines nach dem anderen in sich zusammenfielen.«

Leutnant Jim McGlynn, 2003.
Aus Dennis Smith, Report from Ground Zero

»Ich hätte in Calgary fast mein Leben verloren! Bei den Dreharbeiten zu *Der Rammbock* 1983. Wir drehten an den Wapta-Fällen. Ich sollte an einem Seil aus dem Boot springen. Ich musste meinen Stunt immer weiter vom Ufer weg machen. Beim Sprung klemmte das Seil … Sie hatten alle Mühe, mich wieder herauszuholen. Dass ich einige Jahre Rugby-Spieler gewesen war, hat mir viel geholfen.«

Stuntman José Giovanni, LaDepeche.fr, 28. Dezember 2006

»Mit drei Jahren stand ich schon auf Skiern, mit zwölf machte ich Touren, mit 14 kletterte ich auf Felswände. Die Berge sind ein riesiger Spielplatz, der uns einschüchtert, auf dem man demütig wird. Man muss ständig auf der Hut sein. Ich führe meine Kunden auf den Mont Blanc, gelegentlich arbeite ich auch in Italien oder der Schweiz. Die Menschen kennenzulernen ist wie Schubladenöffnen. Manchmal ist nichts drinnen, manchmal ist es großartig, und man schließt da oben tolle Freundschaften.«

www.imaginetonfutur.com/Raphael-24-ans-guide-de-haute-montagne

»Das Problem ist, dass man selbst bei strikter Beachtung der Sicherheitsregeln in die brenzligsten Situationen geraten kann. Ich werde mich immer an die Höhlen erinnern, in denen der Durzon entspringt. Beim Tauchen fielen schon nach zehn Minuten die Scheinwerfer aus, weil die Batterien leer waren. Ich schalte die Reservescheinwerfer ein und kehre um, da fallen die auch noch aus. Resultat: Mehr als 100 Meter tief in absoluter Dunkelheit. Ich war ungeheuer erleichtert, als ich wieder das Tageslicht sah.«

www.davidmanise.com/forum, 11. Januar 2008

»Mit Sprengmitteln zu hantieren ist gefährlich, da darf man sich nichts vormachen. Eine Bombe, die sich mit statischer Elektrizität aufgeladen hat, kann bei einer Erschütterung explodieren. Man muss immer sicherstellen, dass glühende Teilchen nicht benachbarte Häuser oder Felder in Brand setzen. Hält man sich an die Vorschriften, so besteht praktisch kein Risiko. Ich selbst habe nie einen Unfall gehabt …, aber vor vier Jahren habe ich einen Freund verloren. In dem Lager, wo er arbeitete, ist eine Bombe explodiert.«

Sandra O'Connor, Feuerwerkerin,
Isabelle Deslandes Magazine Jobboom, Bd. 3 Nr. 3, Frühjahr 2002

»Die wichtigste Regel ist, keine Angst zu haben, denn die Tiger spüren deine Angst sofort und können aggressiv werden.«

Roger Falck, Raubtierdompteur, LaDepeche.fr, 19. März 2008

»Ein Flugzeug zu steuern erfordert heute mehr Intelligenz als Körperkraft. Mein Alltag besteht aus Übungsflügen, bei denen (abgesehen vom Stress) die Einsätze simuliert werden, die ich im Ernstfall fliegen müsste: Aufklärung und Luftaufnahmen, aber auch Beschuss feindlicher Flugzeuge.«

Virgine Guyot, Jagdfliegerin, Le journal des femmes (www.linternaute.com),
24. Januar 2005

BILDNACHWEIS

Titel der Originalausgabe: *Les Métiers de l'extrême racontés aux enfants*
Erschienen bei Éditions de La Martinière SA, Paris 2011
Copyright © 2011 Éditions de La Martinière SA, Paris, Frankreich

Deutsche Erstausgabe
Copyright © 2011 von dem Knesebeck GmbH & Co. Verlag KG, München
Ein Unternehmen der La Martinière Groupe

Umschlaggestaltung: Gudrun Bürgin
Herstellung und Satz: VerlagsService Dr. Helmut Neuberger
& Karl Schaumann GmbH, Heimstetten
Druck: Proost, Turnhout
Printed in Belgium

ISBN 978-3-86873-341-9

www.knesebeck-verlag.de